《蒙古族图典》编辑委员会

主　编：格·孟和

副主编：吴英喆

编　委：（按姓氏笔画为序）

　　　　乌日斯嘎拉　包满都拉　吉如何　朱　虹　庆巴图

　　　　杨玉成　苏日娜（饮食卷）　苏日娜（名胜古迹卷）

　　　　李凤山　吴国艳　阿力玛　阿拉坦宝力格　珊　丹

　　　　胡日查　带　兄　哈斯其木格　娜日娅　高　娃

　　　　通格勒格　额尔德木图

民族文字出版专项资金资助项目
"十三五"国家重点图书出版规划项目

蒙古族图典

名胜古迹卷

格·孟和 主编

额尔德木图 苏日娜 著

辽宁民族出版社

ⓒ 额尔德木图，苏日娜 2017

图书在版编目（CIP）数据

蒙古族图典. 名胜古迹卷：蒙汉对照 / 格·孟和主编；额尔德木图，苏日娜著. —沈阳：辽宁民族出版社，2017.12

ISBN 978-7-5497-1739-2

Ⅰ. ①蒙… Ⅱ. ①格… ②额… ③苏… Ⅲ. ①蒙古族—民族文化—中国—图集 ②蒙古族—名胜古迹—中国—图集 Ⅳ. ①K281.2-64 ②K928.7-64

中国版本图书馆CIP数据核字（2017）第288162号

蒙古族图典·名胜古迹卷
MENGGUZU TUDIAN·MINGSHENGGUJI JUAN

丛书策划／朱　虹

出版发行者：辽宁民族出版社
地　　　址：沈阳市和平区十一纬路25号　邮编：110003
印　刷　者：辽宁新华印务有限公司
幅面尺寸：210mm×285mm
印　　张：15
字　　数：280千字
印　　数：1—1000
出版时间：2017年12月第1版
印刷时间：2017年12月第1次印刷
责任编辑：李凤山　朱　虹　包满都拉
封面设计：Amber Design 琥珀视觉
责任校对：代智敏

标准书号：ISBN 978-7-5497-1739-2
定　　价：280.00元

网　　址：www.lnmzcbs.com　　　邮购热线：024-23284335
淘宝网店：http://lnmz2013.taobao.com
如有印装质量问题，请与出版社联系调换　　联系电话：024-23284340

蒙古族图典·名胜古迹卷

总序

蒙古族是一个历史悠久而富于传奇色彩的民族。经过千百年来的发展，蒙古族形成了自己独特的文化。每当提起蒙古族，人们就会想起"天苍苍，野茫茫，风吹草低见牛羊"的古老歌谣，眼前便会浮现出这个"马背上的民族"曾经叱咤风云、纵横欧亚、英勇善战、气吞山河的伟岸雄姿。

蒙古族起源于古望建河（今额尔古纳河）。13世纪初，以成吉思汗为首的蒙古部（蒙兀室韦）统一了蒙古地区诸部，逐渐形成了一个新的民族共同体，"蒙古"也就由原来的部落名称变成了民族名称。成吉思汗及其子孙建立的横跨欧亚的大帝国，推动了东西方经济和文化的交流与发展。1995年12月，美国《华盛顿邮报》带头评选第二个千年（1000—1999）最有影响的人物，结果成吉思汗力压群雄，被评为"千年风云人物第一人"。800多年来，成吉思汗的名字和故事，在世界各地传扬。1271年，忽必烈建立了中国历史上疆域最大的封建王朝——元朝，推动了中国统一多民族国家的巩固和发展。

习近平总书记在中国共产党第十九次全国代表大会上的报告中指出："文化是一个国家、一个民族的灵魂。文化兴国运兴，文化强民族强。没有高度的文化自信，没有文化的繁荣兴盛，就没有中华民族伟大复兴。"蒙古族为我国历史文化发展做出过卓越的贡献，也对人类历史发展产生过深远的影响。无垠的大草原，不息的江河水，永恒的长生天，奔驰的骏马，洁白的蒙古包，华丽的蒙古袍，神奇的呼麦，悠扬的马头琴……蒙古族创造了璀璨夺目的民族文化。蒙古族的传统服饰主要包括蒙古袍、腰带、靴子、配饰等，但因地区不同在式样上有所差异。蒙古族服饰以其独特的风格和精湛的制作工艺，立于我国乃至世界服饰之林而经久不衰。蒙古族饮食文化继承了北方民族饮食文化传统，在保持古老传统的同时也有明显的地方特色。丰富多彩的蒙古族饮食，让人们深切感受到舌尖上的草原味道。蒙古包作为世界传统住居中分布最广、延续时间最长的风土型住居类型之一，在传统民居形态逐步式微的境遇中，仍保持着强劲的生命力而延续至今。蒙古族文物汇集了历代有关蒙古族历史、社会风俗、宗教信仰等方面的精品，为研究蒙古族文化提供了实物资料。精雕细琢的蒙古族工艺品是人们在长期的生产、生活实践中不断创造与积累的宝贵财富。如蒙古族皮画表面浮雕般的立体效果和凝重的风格所形成的视觉冲击力，常令观赏者感到无比震撼，给人耳目一新的艺术享受。蒙古族是能歌善舞的民族，素有"音乐民族""诗歌民族"之称。蒙古民族创作了很多历史文学巨著，其中，《蒙古秘史》被联合国教科文组织确定为世界名著文化遗产；英雄史诗《江格尔》是中国少数民族三大英雄史诗之一；马头琴是蒙古族特有的传统乐器，其艺术特色和魅力彰显于世界民族乐坛之上；天籁之音呼麦和蒙古族长调民歌为世界非物质文化遗产。蒙古族名胜古迹众多，成吉思汗陵、古城遗址、藏传佛教寺院、壮美山川、沙漠瀚海，展示了草原的自然风光和游牧文化遗迹。蒙古族是一个勤劳智慧、勇于探索的民族，取得了许多发明创造和历史、文学、艺术成果，涌现出众多的政治家、思想家、军事家、科学家、历史学家、文学家、艺术家，为丰富祖国光辉灿烂的文化宝库做出了重要贡献。

为了更好地弘扬博大精深的蒙古族文化，辽宁民族出版社组织国内相关领域的蒙古族专家学者编写了这套《蒙古族图典》。全套书分为服饰卷、饮食卷、住居卷、文物卷、艺术卷、工艺品卷、名胜古迹卷、综合卷，共计八卷本。采用图文并茂的形式，深度挖掘蒙古族文化的精髓，展现蒙古民族各个方面的历史原貌，用蒙汉文精简地诠释图片的深刻含义。《蒙古族图典》为蒙古族图片的集大成者，是有史以来对蒙古族图片最大规模、全方位的整理，为读者全面了解蒙古族文化提供了方便。

一段文字，是一种文化现象；一幅图片，是一个历史符号。《蒙古族图典》生动再现了蒙古族悠久灿烂的历史文化，完美展示了蒙古族绚丽多姿的民族风情。

2017年10月

格·孟和 蒙古族，内蒙古师范大学教授，享受国务院特殊津贴专家，现任《中国蒙古学文库》常务总编辑。主要著作有《格·孟和文集》（共13卷），多次荣获国家及内蒙古自治区科研奖。

前言

蒙古高原地域辽阔，历史悠久。相继驰骋于这片土地的游牧族群谱写了灿烂的游牧文明。分布于广袤草原上的名山大川及古迹胜地作为其文化实践之地域空间，记录了数千世纪的游牧文明发展史。13世纪时，蒙古人兴起于蒙古高原，继承并发扬了博大精深的游牧文明，并将其推向高峰，使其成为与世界各大文明形态并驾齐驱的文明类型。

蒙古族名胜古迹包括草原自然风景与草原文化古迹两大部分。草原自然风景包括壮美山川、沙漠瀚海及草原绿洲。自然生态环境作为文明的容器，曾孕育了多个不同的文明类型，因其所承载的文化记忆或遗迹而更具人文景观属性。古迹作为历史事件产生、发展的时空场域，以其真实的场所感与残存的遗留物证实了草原丰硕的文化成果。

《蒙古族图典·名胜古迹卷》由成吉思汗陵、古城遗址、藏传佛教寺院及风景名胜四部分组成。成吉思汗陵是闻名遐迩的草原名胜古迹之一，全景呈现了成吉思汗陵景区的艺术景观与人文场景。考古发掘证明了蒙古高原具有悠久的聚落文化传统，在生态资源丰富、气候宜人的区域，也曾有过较为发达的城市等聚落形态。故此，本书从众多的古城遗址中筛选了部分地域的历史名城以及与13世纪的蒙古人相关的古城遗址。自16世纪藏传佛教传入蒙古地区，数千座各具独特建筑艺术风格的寺院林立于广阔草原，成为16世纪至20世纪初游牧社会最为重要的文化景观。虽因社会动乱多数寺院被夷为平地，但仍有少数寺院幸免于难而留存至今，成为蒙古宗教文化之瑰宝。收录于本书的藏传佛教寺院，除吉林、黑龙江、新疆三地四座寺院之外，全部为未经拆除或重建的古建筑，因此，最大限度地呈现了草原名刹古风犹存的神圣风貌。全书以地域空间为单位，以历史时间为序，展现了蒙古族地区的山河、湖海、地貌、革命纪念地、园林等多样化的风景名胜。

　　书中所录的200余幅名胜古迹图片构成了一幅全方位展现蒙古文化图景的历史长卷，旨在使读者感受美丽草原的多姿多彩，领略蒙古民族的独特风情。

目录

总序	002
前言	006
第一章 成吉思汗陵	010
成吉思汗陵总貌	012
成吉思汗陵旅游区	030
成吉思汗陵活态祭祀文化	040
第二章 古城遗址	062
内蒙古自治区境内的古城遗址	064
国内其他蒙古族聚居地区的古城遗址	088
第三章 藏传佛教寺院	098
内蒙古自治区境内的藏传佛教寺院	100
国内其他蒙古族聚居地区的藏传佛教寺院	154

第四章 风景名胜	168
内蒙古自治区境内的风景名胜	170
辽宁省蒙古族聚居地区风景名胜	210
吉林省蒙古族聚居地区风景名胜	216
黑龙江省蒙古族聚居地区风景名胜	220
新疆维吾尔自治区蒙古族聚居地区风景名胜	222
青海省蒙古族聚居地区风景名胜	230
甘肃省蒙古族聚居地区风景名胜	232
河北省蒙古族聚居地区风景名胜	234
图片提供者	237
后记	238

第一章 成吉思汗陵

据历史文献记载，蒙古皇族下葬后，先用几百匹战马将墓上的地表踏平，再在上面种草植树，尔后派人长期守陵，一直到地表不露任何痕迹方可离开，知情者则会遭到杀戮。这说明了蒙古族丧葬习俗的特点，他们并不追求外在形式上的高大雄伟，更渴望与自然的和谐统一，"使如平地"恐怕也是一种更高境界的追求。这也正是蒙古皇陵未被找到的原因。

成吉思汗陵是大蒙古国第一代大汗成吉思汗的衣冠冢，位于鄂尔多斯高原中部伊金霍洛甘德尔草原上。从世界历史看，成吉思汗是两千年来影响世界最大的人物之一，他的影响力远远超过了彼得大帝、恺撒大帝、拿破仑等。他和他的子孙所建立的蒙古帝国，改写了世界版图，深刻影响了世界历史的进程。至今世界各国人民对成吉思汗和蒙古文化仍然充满了兴趣，因此，鄂尔多斯的成吉思汗陵理所当然地具有世界文化价值。成吉思汗陵的存在形成了最独特的传承载体——达尔扈特人。达尔扈特人从成吉思汗八白宫建立以来，世世代代守护、祭祀和管理八白宫等奉祀之神。他们在过去那样艰难困苦的条件下，辗转南北，保护了成吉思汗奉祀之神，完整地保留了13世纪古老的祭祀文化。祭拜成吉思汗陵是蒙古民族最隆重、最庄严的祭祀活动。蒙古族祭奠成吉思汗的习俗，最早始于窝阔台时代，到忽必烈时代正式颁发圣旨，规定祭奠成吉思汗先祖的各种祭礼，使之日臻完善。

现今的成吉思汗陵经过多次迁移，直到1954年才由青海的塔尔寺迁回故地伊金霍洛旗。成吉思汗陵对研究蒙古民族、中国北方游牧民族乃至世界历史文化，具有极其重要的价值。

成吉思汗陵总貌

　　成吉思汗陵的主体是由三座蒙古包式的宫殿"一"字形排开构成。三座宫殿之间有走廊连接，在三座蒙古包式宫殿的圆顶上，金黄色的琉璃瓦在灿烂阳光的照耀下，熠熠发光。圆顶上部有用蓝色琉璃瓦砌成的云头花，是蒙古民族所崇尚的颜色和图案。整个陵园的造型，犹如展翅欲飞的雄鹰，极具独特的蒙古民族风格。陵园内除了陵宫以外，还有苏勒德祭坛、成吉思汗陵历史文化展览馆、碑亭、伊希哈屯祭祀殿、阿拉坦甘德尔敖包、圣奶桶宝日温都库伦、金马桩等。

第一章 成吉思汗陵

成吉思汗陵

简称成陵。大蒙古国第一代大汗成吉思汗的衣冠冢，位于内蒙古自治区鄂尔多斯市伊金霍洛旗。现今的成吉思汗陵经过多次迁移，直到1954年才由青海的塔尔寺迁回故地伊金霍洛旗。陵园主体建筑由三座蒙古包式的大殿和与之相连的廊房组成，建筑雄伟，具有浓郁的蒙古民族风格。建筑分正殿、寝宫、东殿、西殿、东廊、西廊六个部分。

成吉思汗陵宫

成吉思汗陵的主体由三座蒙古包式的宫殿"一"字形排开构成，三座宫殿之间有走廊连接。圆顶上部有用蓝色琉璃瓦砌成的云头花，是蒙古民族所崇尚的颜色和图案。整个陵园的造型，犹如展翅欲飞的雄鹰，极具蒙古民族风格。

成吉思汗雕像

高5米,成吉思汗身着盔甲战袍,腰佩宝剑,相貌英武,端坐在大殿中央。塑像背后的弧形背景是"四大汗国"疆域图,标示着700多年前成吉思汗统率大军南进中原,西进中亚和欧洲的显赫战绩。

九十九级台阶

蒙古民族崇拜苍天,认为主宰人间一切的天是由九十九重天组成,是吉祥福禄的象征。九十九级台阶从远望去像永不停息的河水,寓意成吉思汗缔造的"蒙古"永世长存。

成吉思汗铜像广场

铜像高6.6米,广场直径66米,寓意成吉思汗寿年。广场周围的松柏以伞形向外延伸,象征成吉思汗精神在大地上永世传播。

"成吉思汗陵"牌匾

陵宫屋檐正中悬挂着原国家副主席乌兰夫题写的"成吉思汗陵"牌匾。

成吉思汗陵历史文化展览馆

展览由"走向世界的历史伟人""神秘的成吉思汗祭奠"等六部分组成。通过图片和实物，系统地展示了成吉思汗陵沧桑的历史、深刻的内涵及发展变化。

苏勒德祭坛一角

由主苏勒德和四柄陪苏勒德组成的"四斿哈日苏勒德",是成吉思汗所向无敌的战神,也是平安吉祥的保护神。

苏勒德祭坛

雕刻着蒙古民族喜爱图案的汉白玉苏勒德祭坛是供奉成吉思汗战神的地方。

碑亭

成吉思汗陵宫大院东南、西南两角有两座碑亭。碑亭有八柱、双层檐、琉璃瓦顶，是典型的中华民族亭阁建筑。

石碑

碑亭里竖立着高大的石碑，其中一座为"成吉思汗"碑，另一座为"成吉思汗陵"碑。用蒙古、汉两种文字雕刻的碑文，概括地介绍了成吉思汗的戎马生涯和成吉思汗陵经历几个世纪变迁的沧桑历史。

伊希哈屯祭祀殿

供奉成吉思汗第四子拖雷夫人伊希哈屯唆鲁禾帖尼的宫殿。殿院内还供奉着成吉思汗胞弟哈萨尔、别里古台以及拖雷的灵包。

伊希哈屯宫殿

伊希哈屯唆鲁禾帖尼与拖雷为蒙古民族的统一和振兴呕心沥血，奉献了毕生的精力。拖雷在1227—1229年监国。伊希哈屯夫人为蒙古帝国养育了蒙哥、忽必烈两代大汗，她素以聪明能干著称。

阿拉坦甘德尔敖包

为纪念成吉思汗掉马鞭而设立。每年农历三月二十一的查干苏鲁克大祭——祭天仪式都在此举行。

阿拉坦甘德尔敖包碑

碑上用蒙古、汉、英三种文字介绍了阿拉坦甘德尔敖包建立的时间及敖包的来历。

金马桩

金马桩位于阿拉坦甘德尔敖包旁边，蒙古语称为"阿拉坦腾嘎达斯"。

阿拉坦甘德尔十三敖包

蒙古族敖包通常有独立敖包和十三敖包之分。蒙古族自古以来崇尚十三，把十三看作是吉祥数字。图为阿拉坦甘德尔十三敖包。

宝日温都圣奶桶库伦

成吉思汗陵园建成后,每年农历三月二十一的查干苏鲁克大祭中,祭天仪式所使用的宝日温都圣奶桶就放在这里。

成吉思汗陵门牌楼

成吉思汗陵门牌楼是进入成吉思汗陵园的标志。牌楼形状为绿草中立起的乳白色毡帐，是铭记历史伟人成吉思汗业绩的气势磅礴的丰碑。牌坊式大门上端悬挂着原国家副主席乌兰夫题写的"成吉思汗陵"石雕牌匾，显得格外庄重。

成吉思汗陵旅游区

成吉思汗陵旅游区位于内蒙古鄂尔多斯市伊金霍洛旗，是世界上唯一一处以成吉思汗为主题的大型文化旅游景区，是国家文化产业示范基地、国家AAAAA级旅游景区，也是一处集祭祀文化、景点观光、餐饮住宿、民俗展示、特色活动、民族歌舞表演为一体的历史文化旅游区。

气壮山河门景

门景造型呈"山"字形，犹如巨大的山峰从顶部劈开，高耸的成吉思汗跃马雕像腾空而出，顶天立地，矗立中央。门景造型大气厚重、寓意深刻，故名"气壮山河"。

亚欧版图

成吉思汗及其子孙创建的广袤疆域，横跨亚欧，打通了东西方文明通道，也促进了世界文明进程和历史文化的发展。亚欧版图是中外历史上最大的以版图形式重现蒙古帝国疆域的景点。

蒙古历史文化博物馆

始建于2003年，蒙古文"汗"字的造型，堪称当代蒙古族典型建筑之一，是国内外唯一专题收藏、研究、展示蒙古族历史文化的博物馆。馆内珍藏有成吉思汗以来的蒙古历史文物和精美独特的民族器物。

蒙古历史长卷

描绘了从成吉思汗出生至建立北元政权,共206年的历史画卷,真实反映了蒙古民族的历史进程。画卷之长为世界之最。此画卷描绘了1206年春,铁木真于斡难河源建立大蒙古国的情形,铁木真即大汗位,尊号成吉思汗。

铁马金帐群雕

铁马金帐是世界上唯一完整展示成吉思汗军阵行宫的大型实景雕塑群，由五组石刻群体行军方阵组成。群雕生动再现了成吉思汗戎马一生、征战南北、横跨欧亚、创建伟业的历史，仿佛让人们看到成吉思汗指挥百万大军，奋勇出征，统一蒙古各部的真实场景。

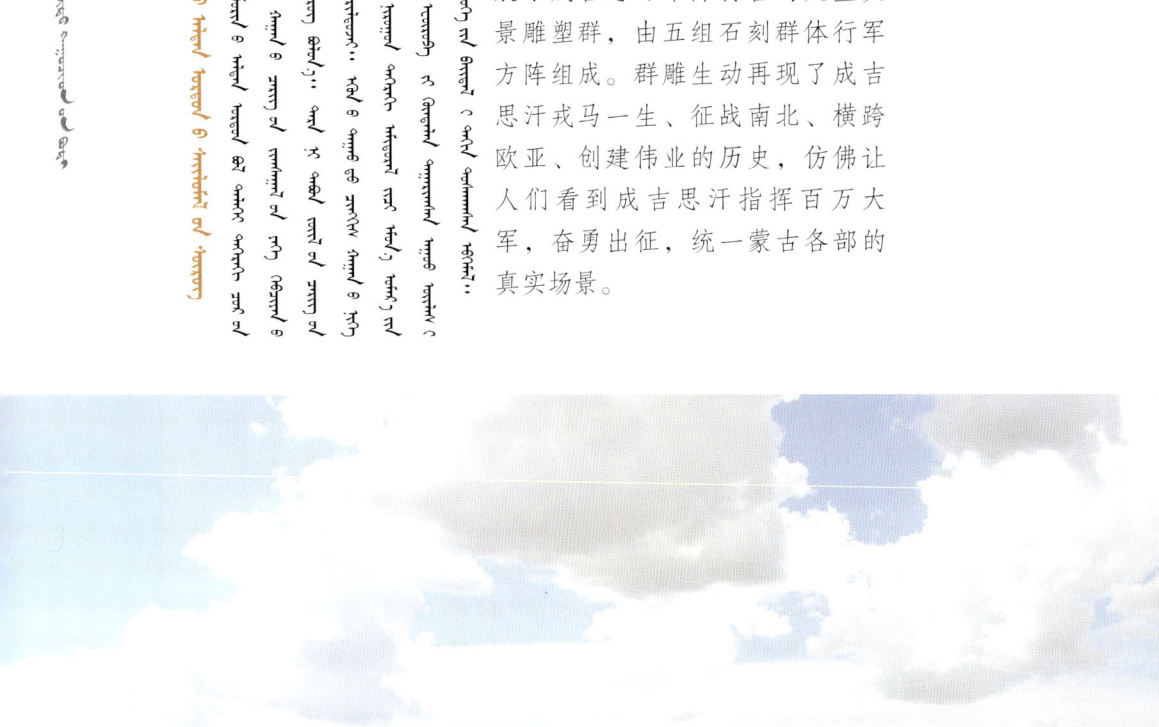

大伊金霍洛遗址

成吉思汗陵寝原型——八白宫（室），于1649年从黄河南岸的伊克召迁移至巴音昌呼格河畔，从此这一地方被称为"伊金霍洛"（圣主的院落）。1956年，成吉思汗陵落成，将祭祀成吉思汗的宫帐与八白宫迁至金碧辉煌的陵宫。为了纪念供奉成吉思汗宫帐长达307年的遗址，这里便立了"大伊金霍洛遗址"碑，进行保护。

长明圣灯大殿

成吉思汗归天后,守陵人——达尔扈特人点燃了象征成吉思汗精神的长明圣灯。他们世代践行着当初的诺言,无论何种情况,依然保持着圣灯的长明不熄,表达着对大汗的忠诚与敬仰。

成吉思汗中心广场

打开历史巨著，天驹诉说着成吉思汗的故事。13世纪，成吉思汗横跨亚欧，留给人类永恒的丰碑。成吉思汗是蒙古民族的英雄，也是世界历史的巨人。

成吉思汗陵活态祭祀文化

成吉思汗陵每年举行很多规模不同的祭祀活动，有春季查干苏鲁克大典、甘德尔敖包祭祀、夏季淖尔大典、秋季舒日格大典、冬季达斯玛大典等。查干苏鲁克大典，是"四时大典"中的春季祭典，规模较大，祭祀活动内容丰富，参加人数众多。祭祀活动时间在农历三月十七日至二十四日，主祭日当天举行公祭仪式、祭天仪式和金殿祭等祭祀活动。淖尔大典，是成吉思汗陵"四时大典"之夏季大祭，每年农历五月十五日举行。举行祭典时，首先向苍天、向圣主祭献，祈求苍天、圣主保佑大地，使草原五畜兴旺，鲜奶像湖水一样丰盛，牧人过上幸福安康的生活。

新春大祭

成吉思汗陵新春大祭

正月初一凌晨,成吉思汗陵宫大殿外景。

正月初一凌晨,成吉思汗陵哈日苏勒德祭坛全景。

"洒楚利"仪式

成吉思汗陵新春大祭的祭酒"洒楚利"仪式(每年正月初一凌晨举行)。

第一章 成吉思汗陵

圣灯

成吉思汗陵新春大祭上要点燃千盏圣灯（每年正月初一凌晨举行）。

成吉思汗"五百两"祭祀

每年农历二月初三,为成吉思汗举行的撒"五百两"供品的祭祀。"五百两"是指守护成吉思汗陵的五百户达尔扈特每年每户上缴一两银子,用于支付这一年的祭礼开销。

"五百两"祭祀准备现场。

春季查干苏鲁克大典

查干苏鲁克大典

每年农历三月二十一日，成吉思汗陵举行一年一度的查干苏鲁克大典现场。

宝日温都圣奶桶

成吉思汗陵春季查干苏鲁克大典时使用的宝日温都圣奶桶。

祭宝日温都圣奶桶

宝日温都圣奶桶祭祀进行中。图为圣灯亮着,阿日察(汉意为杜松)已烧尽。

被净化的圆骝白马

春季查干苏鲁克大典祭天之前,用成吉思汗陵圣马——圆骝白马,举行占卜仪式。

成吉思汗陵的两匹黄骏马

春季查干苏鲁克大典前几天举行的成吉思汗两匹黄骏马装饰仪式。

装饰后的成吉思汗陵两匹黄骏马

成吉思汗春季查干苏鲁克大典的当日，祭拜者祭拜这两匹黄骏马。

九十九匹白骒马

查干苏鲁克大典时,拴在巴图吉勒上的九十九匹白骒马。

春季查干苏鲁克大典

查干苏鲁克祭奠当日，盛满马奶的宝日温都圣奶桶及参加祭天仪式的祭拜者。

洒奶祭天仪式

成吉思汗陵每年春季查干苏鲁克大典的重要祭祀活动之一——洒奶祭天仪式。

金殿大祭

每年农历三月二十一日，成吉思汗陵举行查干苏鲁克大典时的金殿大祭。

公祭仪式

公祭仪式是成吉思汗陵春季查干苏鲁克大典的重要仪式之一。

嘎日力祭祀

在春季查干苏鲁克大典前一天晚，嘎日力祭祀在太阳落山之后举行。

挤马奶

夏季淖尔大典上挤马奶的达尔扈特人。

拴马驹

在夏季淖尔大典上拴马驹的达尔扈特人。

夏季淖尔大典

夏季淖尔祭奠中的祭天地点。

夏季淖尔祭奠中的祭天现场。

第二章 古城遗址

广阔的蒙古高原曾孕育了不同类型的文明,不同历史时期的村落与城市等聚落形态的考古发掘,证明了蒙古高原漫长的城市发展史。然而,在众多的文明类型中,游牧文明可谓是蒙古高原最具代表意义且延续时间最为长久的文明类型。相继驰骋于蒙古高原的众多游牧族群谱写了草原文明辉煌的发展史。城市作为文明的首要标志之一,也由此出现于游牧文明史中。

一般而言,作为定居文化果实的城市与游移不定的游牧生产方式之间总是存在着一种本质的矛盾,或者城市本身是有悖于游牧文化节律的聚落形态。因此,蒙古高原的城市发展史具备了自身独特的历史属性。

为了深入理解，我们可以依据城市功能、规模与分布，将蒙古高原上的众多城市遗址分为军事城堡类与草原都城类两大类型。如战国时期的九原城、隋朝时期的东受降城等均属前者，而辽上京、元上都等属于后者，与前者相比，其数量相对较少。

作为王权与国家的象征，华丽而壮观的草原都城呈现了蒙古高原城市文化独特的属性。其城市规划、建筑形态与周边文明区域的城市文化截然不同。如元上都外城、皇城、宫城的布局反映了草原都城的一种特殊规划理念。在漫长的历史长河中，草原城市不断地修建、损毁、重建与衰落，构成了由若干文化层叠压而重构的文明遗址景观。对草原城市遗址的发掘与研究成为解读草原文明史的一种必不可少的路径。本章从内蒙古自治区及国内其他蒙古族聚居区境内选取了十余座具有代表意义的古城遗址，并由此展现了草原灿烂的古代城市文明。

内蒙古自治区境内的古城遗址

内蒙古自治区境内最早的城市可以追溯至史前时期，遍布于草原的古城墙、长城、古墓等遗址均证明了早期繁荣昌盛的城市文明。至战国时期，业已出现了诸如云中、九原、平刚等城市。之后，随着中原与草原两大文明区域的互动进程，出现了若干座出于行政设置、军事防御、商贸往来等目的而修筑的大小城郭。而到了辽、金、元时期，内蒙古地区的城市文明达到了一个新的高度，百余座都城、州城相继产生。闻名遐迩的元上都及北元最后一座都城查干浩特、阿勒坦汗修筑的呼和浩特旧城等均位于内蒙古自治区境内。

黑城遗址

黑城,蒙古语称为"哈日浩特",位于阿拉善盟额济纳旗,建于9世纪,系西夏王朝黑水镇燕军司的驻地。元朝在此设置亦集乃路。现存城墙为元代扩筑,城郭平面为长方形,东、西两面各设一门,并筑有瓮城。

城墙西北角上的佛塔

城外西南角的清真寺古建筑

第二章 古城遗址

被沙漠掩埋的城墙

城内建筑遗存

宥州古城遗址

宥州古城遗址位于鄂尔多斯市鄂托克前旗。系唐代安置内迁胡人的州城。该城建于唐元和十五年（820）。城墙东、南、西三面设有城门。

辽上京遗址

辽上京遗址位于内蒙古自治区赤峰市巴林左旗，为辽王朝的国都。辽上京始建于神册三年（918）。该城由南、北二城组成，平面略呈"日"字形。北城即皇城，四面各设一门。南城即汉城，为辽太宗扩建城垣时，以皇城南墙为北墙，加筑三面墙而构筑的新城。

辽中京遗址

辽中京遗址位于赤峰市宁城县，为辽中期修筑的陪都。辽中京始建于辽统和二十一年（1003）。此城由外城、内城、宫城三重城构成。外城平面呈横长方形。城内建筑物布局对称，形成中轴线。

第二章 古城遗址

辽中京佛塔

元上都遗址

元上都遗址位于锡林郭勒盟正蓝旗，原系元朝首都，后成为夏都。元上都始建于1256年。元上都遗址呈方形，由外城、皇城、宫城三重城构成。宫城位于全城东部偏南，东、西、南三面各设一门。

忽必烈汗铜像群

忽必烈汗（1215-1294）是元朝的缔造者，史称元世祖或忽必烈薛禅汗。1256年忽必烈汗下令刘秉忠在秀美的金莲川修建了元上都。此铜像群以多种数据象征了元上都历史和忽必烈汗的生平与业绩。

元上都遗址航拍图

元上都宫城建筑遗址上的砖砌装饰

元上都皇城明德门遗址

明德门是从御道进入元上都的第一座城门,也是皇城正南门,位于皇城与宫城的南北中轴线上。

元上都宫城御天门遗址

御天门为宫城南门，位于皇城和宫城的南北中轴线上，门外设瓮城。

元上都大安阁遗址

位于宫城中心，基址平面呈"凸"字形。大安阁为宫城的"正殿"，元朝皇帝常在这里举行重大的朝政典礼。

穆清阁遗址

穆清阁遗址位于宫城北墙中部，为宫城内体量最大的建筑。穆清阁为皇帝宴乐、议事与居住的大内宫殿。

穆清阁遗址一角

元上都大安阁遗址旁的石件

元上都城门角石上的精美图纹

应昌路故城遗址

应昌路故城遗址

应昌路城，又称鲁王城，位于赤峰市克什克腾旗。应昌路城始建于元至元七年（1270）。城址呈长方形，宫殿基址位于城内中部靠北的位置。城内有若干座寺院遗址。

应昌路城石碑

应昌路城石柱础

应昌路城墙外佛塔遗址

敖伦苏木古城遗址

位于包头市达尔罕茂明安联合旗，为汪古部首府，其首领赵王世代居住于此，故又称赵王城。城市建于元至治三年（1323）。该城平面呈长方形，城墙四面设门。城内出土大量景教墓石等珍贵文物。

黑山头古城遗址

黑山头古城内石柱础

黑山头古城遗址

位于呼伦贝尔额尔古纳市，为元代古城遗址。城市分内外两城，外城呈方形，四边设门。内城呈长方形，位于外城中间偏西北方向。

呼和浩特旧城

呼和浩特旧城又称归化城，位于今呼和浩特市玉泉区与回民区，原系土默特部阿勒坦汗修筑的府城。该城建于明隆庆六年（1572）。城市平面呈正方形，南、北各设一门。清朝时曾修筑东、南、西三面外城。呼和浩特旧城为唯一一座发展至今的北元政权城池。

查干浩特古城遗址

查干浩特城遗址

查干浩特城遗址位于赤峰市阿鲁科尔沁旗，是蒙古林丹汗的都城，为北元时期所修筑的最后一座都城。修筑于1617年。城市分为内外两城，呈回字形平面。外城呈长方形，内城呈正方形。

呼和浩特新城

呼和浩特新城城墙

呼和浩特新城又称绥远城，位于今呼和浩特市新城区，系清朝修筑的八旗驻防城。该城始建于清乾隆二年（1737），新城位居归化城东北侧。城市平面呈正方形，四面设有四门，各有瓮城。城内布局呈棋盘式格局，规整而统一。

国内其他蒙古族聚居地区的古城遗址

历史上的蒙古族活动区域不仅限于今日的内蒙古自治区境内。城市是国家产生的重要标志之一，也是文明发展的重要表征之一。一座座与蒙古族历史文化息息相关的古城遗址作为文明互动的物证，存留在今北京、河北、辽宁、新疆、甘肃等广阔地域内，如北京著名的元大都遗址、河北省张北县的元中都遗址、新疆和布克赛尔蒙古自治县的准噶尔古城遗址等均位于内蒙古自治区境外的省、市、自治区境内。

懿州古城遗址

懿州古城遗址

懿州古城遗址位于辽宁省阜新蒙古族自治县，原系辽代州城，元朝时曾为辽阳行省所辖路和州。该城始建于辽太平三年（1023）。城址呈不规则的长方形。

懿州古塔

也迷里古城遗址

也迷里古城遗址位于新疆维吾尔自治区塔城地区额敏县，系西辽王朝都城。该城约建于金天会十年（1132）。城市遗址平面呈正方形。

第二章 古城遗址

也迷里古城遗址的
窝阔台汗敖包

元大都遗址

元大都城市平面浮雕

元大都遗址位于北京市市区，为元朝国都。元大都始建于至元四年（1267），平面呈东西短、南北长的矩形，分为外城、皇城、宫城三重，外城共设十一门。城市重要设施沿一条中轴线整齐排列，宫城位于中轴线上。据称元大都城街道的布局奠定了今日北京城市的基本格局。

元大都北土城遗址公园

元大都北城墙遗址

妙应寺白塔

妙应寺白塔位于北京市西城区阜成门内大街。妙应寺始建于元代,初名大圣寿万安寺,俗称白塔寺。寺内白塔是中国现存年代最早、体积最为宏伟的佛塔之一。

元中都遗址

元中都遗址位于河北省张北县,系位居大都与上都之间的元朝新建都城。该城始建于元大德十一年(1307)。元中都分为外城、皇城、宫城三重,内城平面呈长方形。

元中都大殿遗址

元中都城墙遗址

准噶尔古城遗址

准噶尔古城遗址位于新疆维吾尔自治区塔城地区和布克赛尔蒙古自治县，系准噶尔部巴图尔洪台吉修筑的城郭。该城始建于清崇德三年（1638）。城址平面呈正方形，城墙南、北、西各设一门。

第二章 藏传佛教寺院

藏传佛教寺院是蒙古高原最为重要的历史遗产之一。自16世纪始藏传佛教传入蒙古地区，大小寺院林立于空旷草原，使蒙古高原的文化景观产生了巨大的变化。在以毡庐为室、逐水草而居的游牧社会，寺院建筑之宏伟的尺度、华丽的装饰、多元的风格无疑构成了巨大的文明冲击力。

藏传佛教寺院的兴建热从北元末期至中华民国末年持续数百年，在清乾隆时期达到了顶峰。蒙古高原上的藏传佛教寺院在建筑风格上汇集了汉式、藏式、汉藏结合式、蒙古式、蒙藏结合式等多种风格，并且在建筑场所、空间、装饰各方面吸纳并展现出灵巧而多变的地域文化元素，如敖包、苏勒德等民族文化元素被融进寺院建筑布局与经堂装饰中。因此，寺院建筑成为融合外来与本域、精神与物质的极具文明意蕴的文化载体。

几百年间，数以千计的寺院修建于草原，由于战火与社会动荡，大量寺院被拆毁，但也有少数寺院幸免于难，留下了宏伟而华丽的建筑遗存。其中的多数寺院作为重大历史事件之发生场所，至今仍延续着法事活动，故而成为草原地区最为显著而重要的名胜古迹。

内蒙古自治区境内的藏传佛教寺院

内蒙古自治区是整个蒙古高原藏传佛教寺院文化传播与发展的核心区域，因此，其寺院类型、风格最为多元。内蒙古中西部地区是藏传佛教最初传入并被广泛接受的区域。大召、美岱召、准格尔召以及后期的五当召、梅日更召、席力图召等著名寺院全部位于此地区。随着藏传佛教的持续传播，蒙古各旗竞相修建寺院，使寺院广泛分布于辽阔的内蒙古草原。由于藏传佛教传播进程的特殊性，寺院建筑风格的分布规律有着十分显著的地域性特征。仅从大雄宝殿的建筑风格而言，以乌兰察布市为代表的中西部地区以藏式或汉藏结合式风格为主，而以锡林郭勒盟为代表的东部地区则以汉式风格为主。

阿拉善盟境内的藏传佛教寺院

衙门庙

衙门庙位于阿拉善左旗，原系阿拉善和硕特旗王庙，为阿拉善三大寺院系统及八大寺院之一，也是阿拉善地区最早建立的藏传佛教寺院。寺院始建于清雍正九年（1731），清廷赐名"延福寺"。寺院主要建筑风格为汉藏结合式。

衙门庙大雄宝殿汉式屋顶

衙门庙院内景观

衙门庙大雄宝殿

第三章 藏传佛教寺院

沙漠绿洲中的巴丹吉林庙

巴丹吉林庙位于阿拉善右旗。寺院始建于清乾隆二十年（1755）。因寺院地处巴丹吉林沙漠深处，故称巴丹吉林庙。寺院主要建筑风格为汉藏结合式。

巴彦淖尔市境内的藏传佛教寺院

善岱古庙大雄宝殿

善岱古庙全景

善岱古庙位于乌拉特后旗，原系达拉特旗寺院。关于寺院始建年代有多种说法。康熙五十九年（1720），清廷赐名"咸化寺"。寺院位于阴山南麓，依据所处地名，俗称萨拉达巴庙。寺院建筑风格为藏式。

阿贵庙大雄宝殿

阿贵庙全景

阿贵庙位于巴彦淖尔市磴口县，原系阿拉善和硕特旗寺院，为阿拉善八大寺院之一。阿贵庙为内蒙古地区现存唯一的一座按照宁玛派教义活动的红教寺院。寺院初建时期可追溯至清嘉庆三年（1798），1912年，中华民国政府蒙藏事务局赐予寺名"宗乘寺"。寺院建筑风格为藏式。

乌力吉图庙大雄宝殿

乌力吉图庙位于乌拉特后旗。该寺始建于1942年，竣工于1949年。该寺为内蒙古自治区境内修建最晚的藏传佛教寺院之一。寺院主要建筑风格为汉藏结合式。

第三章 藏传佛教寺院

鄂尔多斯市境内的藏传佛教寺院

准格尔召寺院内景

准格尔召位于准格尔旗，系鄂尔多斯地区最早建造的藏传佛教寺院及准噶尔旗最大的寺院。寺院始建于明天启三年（1623）。明朝赐名"宝藏寺"，1923年，中华民国政府赐名"宝堂寺"。寺院主要建筑风格为汉藏结合式。

准格尔召大雄宝殿

准格尔召大雄宝殿经堂内景

乌审召扎荣嘎舒尔佛塔

乌审召侧景

乌审召位于乌审旗，系该旗最大的寺院。寺院始建于清乾隆元年（1736）至乾隆五年（1740）间。寺院建筑风格为汉藏结合式。1940至1942年，在九世班禅的建议下新建扎荣嘎舒尔佛塔一座。相传该塔在世界上仅有三座。

乌审召院内的苏勒德台

第三章 藏传佛教寺院

美岱召泰和门

美岱召位于土默特右旗，系蒙古地区建造最早的藏传佛教寺院之一。该寺在明代曾为阿勒坦汗的家庙。因此寺院具有城寺合一、政教一体的独特形制。该寺原名灵觉寺，清乾隆五十二年（1787），清廷赐名"寿灵寺"。寺院主要建筑风格为汉藏结合式。

包头市境内的藏传佛教寺院

美岱召
大雄宝殿

美岱召
乃琼庙

梅日更召全景

梅日更召位于包头市九原区，原系乌拉特西公旗旗庙及乌拉特三大名寺之一。寺院始建于清康熙四十一年（1702）。乾隆三十八年（1773），清廷赐名"昌梵寺"。梅日更召及其管辖的寺院以翻译藏文经典，并以蒙古语诵经而著称。寺院主要建筑风格为汉藏结合式。

梅日更召
大雄宝殿

梅日更召大雄宝殿
经堂内景

百灵庙
藏式经堂

百灵庙大雄宝殿

百灵庙，又称达尔罕贝勒庙，位于达尔罕茂明安联合旗。寺院始建于清康熙四十二年（1703）。康熙年间，清廷赐名"广福寺"。寺院主要建筑风格为汉藏结合式。

昆都仑召大雄宝殿侧后方

昆都仑召位于包头市昆都仑区，原系乌拉特中公旗旗庙及乌拉特三大名寺之一。寺院始建于清雍正七年（1729），清廷赐名"法禧寺"。寺院主要建筑风格为汉藏结合式。

第三章 藏传佛教寺院

昆都仑召
大雄宝殿侧景

昆都仑召
绿度母殿

五当召

五当召位于包头市石拐区，原系章嘉胡图克图属庙。该寺始建于清乾隆十四年（1749）。乾隆二十一年（1756），清廷御赐寺名"广觉寺"。寺院建筑风格为藏式。

第三章 藏传佛教寺院

五当召经堂外围转经轮

五当召经堂内景

希拉穆仁庙
大雄宝殿

希拉穆仁庙外景

　　希拉穆仁庙位于达尔罕茂明安联合旗，原系呼和浩特席力图召避暑庙。寺院始建于清乾隆三十四年（1769），当年清廷御赐寺名"普会寺"。寺院主要建筑风格为汉藏结合式。

呼和浩特市境内的藏传佛教寺院

大召山门

大召位于呼和浩特市玉泉区，系漠南蒙古地区第一座藏传佛教格鲁派寺院。寺院修建于明万历七年（1579），明廷赐名"弘慈寺"。清崇德五年（1640）御赐寺名"无量寺"。寺院主要建筑风格为汉藏结合式。

大召大雄宝殿

大召九间楼

席力图召大雄宝殿

席力图召位于呼和浩特市玉泉区，系蒙古地区最早修建的藏传佛教格鲁派寺院之一。寺院始建于明隆庆元年（1567）。清康熙三十五年（1696），清廷御赐寺名"延寿寺"。寺院主要建筑风格为汉藏结合式。

席力图召院内御碑亭

康熙纪功碑

第三章 藏传佛教寺院

乌素图召全景

乌素图召,俗称西乌素图召,位于呼和浩特市回民区。寺院由毗邻相连的七座寺院组成。寺院于明万历三十四年(1606)建成,清乾隆四十九年(1784),清廷为其主寺御赐寺名"庆缘寺"。寺院主要建筑风格为汉藏结合式。

乌素图召庆缘寺
大雄宝殿

乌素图召庆缘寺
大雄宝殿室内壁画

乌素图召
法禧寺大雄宝殿

乌素图召长寿寺
大雄宝殿

小召牌楼

　　小召位于呼和浩特市玉泉区。寺院建于明天启末年或崇祯年间，因阿勒坦汗兴建的寺院被称为大召，故阿勒坦汗之孙所建寺院被称为小召。康熙三十五年（1696），清廷御赐寺名"崇福寺"。寺院建筑风格为汉式。

喇嘛洞

喇嘛洞位于土默特左旗，俗称西喇嘛洞。寺院修建于明崇祯年间，清乾隆四十八年（1783），清廷御赐寺名"广化寺"。寺院主要建筑风格为汉藏结合式。

喇嘛洞蒙古文石碑

乃莫齐召大雄宝殿

乃莫齐召,俗称额木齐召,即医士召,位于呼和浩特市玉泉区。寺院始建于清康熙八年(1669),康熙三十四年(1695),清廷御赐寺名"隆寿寺"。寺院主要建筑风格为汉藏结合式。

五塔寺金刚座舍利宝塔内的蒙古文天文图

五塔寺金刚座舍利宝塔

五塔寺位于呼和浩特市玉泉区。系小召属庙。寺院始建于清雍正末年。雍正十年（1732），清廷御赐寺名"慈灯寺"。该寺以一座"金刚座舍利宝塔"著称，塔内珍藏有世界上唯一用蒙古文标注的一幅天文图。寺院建筑风格为汉式。

乌兰察布市境内的藏传佛教寺院

西拉木伦庙时轮殿

西拉木伦庙位于四子王旗，系乌兰察布市现存规模最为宏大的寺院。寺院始建于清乾隆二十三年（1758），嘉庆元年（1796）清廷赐名"普和寺"。寺院建筑风格为藏式。

西拉木伦庙经堂
柱头木雕

西拉木伦庙日替庙遗址

哈达阿尔善图庙遗存

哈达阿尔善图庙位于四子王旗。寺院现仅存一座残缺的藏式经堂。

王府庙

王府庙位于四子王旗，原系四子部落旗札萨克王家庙。寺院始建于清光绪三十四年（1908）。寺院建筑风格为藏式。

锡林郭勒盟境内的藏传佛教寺院

汇宗寺山门

汇宗寺

汇宗寺俗称青庙，位于多伦县，系康熙帝敕建寺。寺院始建于清康熙三十年（1691）多伦会盟之后，康熙五十一年（1712）清廷赐名"汇宗寺"。寺院建筑风格为汉式。

汇宗寺山门石雕窗

汇宗寺章嘉活佛仓

查干敖包庙西拉布隆

　　查干敖包庙位于苏尼特左旗，原系该旗规模最为宏大的寺院。寺院始建于清康熙三十三年（1694），清乾隆四十年（1775），清廷御赐寺名"庆佑寺"。寺院建筑风格以藏式建筑为主，辅以汉式及蒙式建筑。

浩齐特庙大雄宝殿前院

浩齐特庙位于西乌珠穆沁旗，原系浩齐特左翼旗札萨克王的家庙。寺院始建于清康熙三十九年（1700），清廷御赐寺名"广祥寺"。寺院建筑风格为汉式。

善因寺山门屋顶木作

善因寺山门

善因寺俗称黄庙，位于多伦县，系清雍正帝敕建寺。雍正五年（1727），清廷下令同时修建多伦诺尔的善因寺与喀尔喀的庆宁寺，两座寺院使用同一工部"样式雷"图纸。清雍正九年（1731），清廷赐名"善因寺"。寺院建筑风格为汉式。

布日都庙大雄宝殿

布日都庙位于正镶白旗，原系察哈尔镶白旗第三苏木寺院。寺院始建于清乾隆四年（1739）至乾隆三十七年（1772）间，清廷御赐寺名"演教寺"。寺院建筑风格为汉式。

贝子庙密宗殿

贝子庙全景

贝子庙位于锡林浩特市,原系阿巴哈纳尔左翼旗旗庙。寺院始建于清乾隆八年(1743),乾隆三十三年(1768),清廷为其主寺御赐寺名"崇善寺"。寺院建筑风格为汉式。

巴音乌素诵经会密宗殿

巴音乌素诵经会位于苏尼特左旗,原系查干敖包庙下属诵经会之一。寺院始建于清乾隆二十一年(1756)。其建筑风格为藏式。

杨都庙未修缮的显宗殿

杨都庙大雄宝殿

　　杨都庙位于阿巴嘎旗，由原杨都庙和新建盟庙两座寺院组成。原杨都庙为阿巴嘎左翼旗寺院，清廷赐名"施善寺"。其西北侧的寺院为锡林郭勒盟盟庙，清廷赐名"钦定寿昌寺"。后者始建于1921年。寺院建筑风格为汉式。

王盖庙时轮殿

王盖庙位于西乌珠穆沁旗，原系乌珠穆沁右翼旗札萨克王的家庙。寺院始建于1916年，1930年九世班禅曲吉尼玛赐寺名"吉祥法轮寺"。寺院建筑风格为汉式。

查干陶勒盖诵经会经堂

查干陶勒盖诵经会位于苏尼特左旗。诵经会始建年不详,据传已有120年的历史。诵经会建筑风格为藏式。

赤峰市境内的藏传佛教寺院

龙泉寺天王殿

龙泉寺大雄宝殿

龙泉寺位于喀喇沁旗，系内蒙古自治区境内罕见的辽、元时期的寺院。寺院始建于辽代，兴盛于元、明、清三代。清朝时期为卓索图盟喀喇沁右翼旗寺院。寺院建筑风格为汉式。

巴拉奇如德庙大雄宝殿室内

巴拉奇如德庙大雄宝殿

巴拉奇如德庙位于阿鲁科尔沁旗。寺院始建于清康熙四年（1665），清廷御赐寺名"宝善寺"。寺院建筑以藏式为主。

罕庙大雄宝殿

罕庙位于阿鲁科尔沁旗，系该旗修建时间最早、规模最为宏大的寺院。有学者称该寺初建于北元时期，为林丹汗的寺院。清康熙十三年（1674），清廷御赐寺名"钦定戴恩寺"。寺院主要建筑风格为汉藏结合式。

通辽市境内的藏传佛教寺院

兴源寺大雄宝殿

兴源寺位于库伦旗，原系卓索图盟席力图库伦扎萨克喇嘛旗寺院，库伦旗三大寺之一。兴源寺是当时内蒙古地区唯一具有政教合一体制的寺院。寺院始建于清顺治六年（1649），清廷御赐寺名"兴源寺"。寺院主要建筑风格为汉藏结合式。

象教寺山门前

象教寺位于库伦旗，原系卓索图盟席力图库伦札萨克喇嘛旗寺院，库伦旗三大寺之一。寺院兴建于清康熙九年（1670），位于兴源寺东侧，福缘寺之北。清廷御赐寺名"象教寺"。寺院建筑风格为汉式。

福缘寺大雄宝殿

福缘寺位于库伦旗,原系卓索图盟席力图库伦札萨克喇嘛旗寺院,库伦旗三大寺之一。寺院始建于清乾隆七年(1742),清廷御赐寺名"福缘寺"。寺院主要建筑风格为藏式。

兴安盟境内的藏传佛教寺院

巴音和硕庙院内

巴音和硕庙位于科尔沁右翼中旗，原系科尔沁右翼中旗旗庙和科尔沁部十旗王公集资兴建的寺院。寺院建于明崇祯七年（1634）至清顺治十一年（1654）之间。清廷御赐寺名"遐福寺"。寺院主要建筑风格为汉式。

呼伦贝尔市境内的藏传佛教寺院

甘珠尔庙天王殿

甘珠尔庙位于新巴尔虎左旗，原系新巴尔虎左、右两翼共同的寺院，为呼伦贝尔地区修建年代最早、规模最为宏大的寺院。寺院始建于清乾隆三十六年（1771），乾隆五十年（1785），清廷御赐寺名"寿宁寺"。寺院建筑以汉式为主，兼有汉藏结合式。

国内其他蒙古族聚居地区的藏传佛教寺院

明、清时期，蒙古人修建的藏传佛教寺院大量分布于与内蒙古自治区接壤的周边省份及新疆维吾尔自治区境内。这些寺院的保存情况各不相同，其中多数寺院已成为废墟，个别寺院兴建于辽、金、元时期而改宗于清朝，并延续至今，成为千年古刹。寺院保存数量较多的省份当属辽宁省。辽宁省境内有瑞应寺、万祥寺、德惠寺等多座知名寺院，且其古建筑保存相对完好，成为蒙古族藏传佛教文化史上的瑰宝。在新疆蒙古族聚居区域，亦有保存较为完整的卫拉特蒙古寺院。

第三章 藏传佛教寺院

辽宁省境内的藏传佛教寺院

瑞应寺全景

瑞应寺，又称"葛根苏木"，位于辽宁省阜新蒙古族自治县佛寺镇。原系卓索图盟土默特左翼旗寺院。寺院始建于清康熙八年（1669），康熙四十二年（1703），清廷御赐寺名"瑞应寺"。寺院主要建筑风格为汉藏结合式。

瑞应寺大雄宝殿

瑞应寺大雄宝殿的建筑风格为汉藏结合式。形制为前经堂后佛殿式。建筑为九九见方,内设64根大圆柱。大雄宝殿是瑞应寺仅存的古老建筑。

瑞应寺转经筒

信众在绕行经堂佛殿时用右手顺时针拨转转经筒，并念诵六字真言，达到积累功德的目的。

佑顺寺天王殿

佑顺寺位于辽宁省朝阳市，原系卓索图盟土默特右翼旗寺院。寺院始建于清康熙三十八年（1699），清廷御赐寺名"佑顺寺"。寺院建筑风格为汉式。

佑顺寺伽蓝殿
及其门前石碑

佑顺寺
宗喀巴殿

惠宁寺
大雄宝殿

惠宁寺天王殿

惠宁寺位于辽宁省北票市，原系卓索图盟土默特右翼旗寺院。寺院扩建于清乾隆三年（1738），乾隆二十一年（1756），清廷御赐寺名"惠宁寺"。寺院建筑风格为汉式。

万祥寺大雄宝殿

万祥寺全景

万祥寺位于辽宁省凌源市，原系卓索图盟喀喇沁左翼旗寺院。寺院始建于乾隆四年（1739），清廷御赐寺名"万祥寺"。寺院主要建筑风格为汉藏结合式。

德惠寺大雄宝殿

德惠寺位于辽宁省阜新蒙古族自治县，原系卓索图盟土默特左翼旗寺院。寺院建于清乾隆十五年（1750），清廷御赐寺名"德惠寺"。该寺为东北地区建筑规模较大且建筑装饰细节保存最为完整的现存寺院之一。寺院建筑风格以汉式为主，建筑细节具有藏式风格。

德惠寺天王殿门口
石阶二龙戏珠浮雕

吉林省境内的藏传佛教寺院

妙因寺

妙因寺位于吉林省松原市前郭尔罗斯蒙古族自治县，原为哲里木盟郭尔罗斯前旗寺院。寺院始建于清乾隆二十年（1755），清廷御赐寺名"妙因寺"。寺院现有建筑为新建。寺院原建筑风格为汉藏结合式。

黑龙江省境内的藏传佛教寺院

富余正洁寺

富余正洁寺位于黑龙江省大庆市杜尔伯特蒙古族自治县。系原哲里木盟杜尔伯特旗旗庙。寺院始建于清康熙二十三年（1684），寺院先后移址三次。寺院现有建筑为新建。现有寺院主要建筑风格为藏式。

新疆维吾尔自治区境内的藏传佛教寺院

巴仑台黄庙

巴仑台黄庙位于新疆维吾尔自治区巴音郭楞蒙古自治州和静县，原系南路旧土尔扈特部的总庙。寺院建成于清光绪十四年（1888），清廷御赐寺名"永安寺"。寺院主要建筑风格为汉藏结合式。

黑龙江省境内的藏传佛教寺院

富余正洁寺

富余正洁寺位于黑龙江省大庆市杜尔伯特蒙古族自治县。系原哲里木盟杜尔伯特旗旗庙。寺院始建于清康熙二十三年（1684），寺院先后移址三次。寺院现有建筑为新建。现有寺院主要建筑风格为藏式。

新疆维吾尔自治区境内的藏传佛教寺院

巴仑台黄庙

巴仑台黄庙位于新疆维吾尔自治区巴音郭楞蒙古自治州和静县，原系南路旧土尔扈特部的总庙。寺院建成于清光绪十四年（1888），清廷御赐寺名"永安寺"。寺院主要建筑风格为汉藏结合式。

圣佑庙

圣佑庙位于新疆维吾尔自治区伊犁哈萨克自治州昭苏县，原系左翼厄鲁特营寺院。寺院始建于清光绪二十四年（1898）。寺院主要建筑风格为汉式。

第四章 风景名胜

"天苍苍，野茫茫，风吹草低见牛羊"，使人情不自禁地联想到茫茫草原。大漠秘境、名胜奇观、金戈铁马在天地间交汇出多彩的乐章。天堂草原，碧野蓝天，最蓝的天空和最绿的净土大美无言。

中国境内的蒙古族主要分布在内蒙古自治区、辽宁省、吉林省、黑龙江省、新疆维吾尔自治区、河北省、青海省、甘肃省这八个省（区），其余散居于河南、四川、贵州、北京和云南等地，这些蒙古族地区都有丰富的自然景观和人文景观。本书的前三章主要介绍了成吉思汗陵及成吉思汗陵旅游景区、蒙古族聚居地区的古城遗址、蒙古族聚居地区的藏传佛教寺院，本章将重点介绍以自然景观为主的蒙古族聚居地区风景名胜。

内蒙古自治区风景名胜主要由草原、古迹、沙漠、湖泊、森林、民俗"六大奇观"构成。其中包括：呼和浩特地区的将军衙署、乌兰夫纪念馆、塞上老街，呼伦贝尔地区的呼伦贝尔大草原，锡林浩特地区的金莲川草原、乌拉盖九曲湾，鄂尔多斯地区的响沙湾、阿尔寨石窟，阿拉善盟额济纳旗的胡杨林，阿拉善盟腾格里沙漠的天鹅湖、曼德拉岩画，等等。

东北三省是国内第二大蒙古族聚居区，名胜古迹众多。辽宁省蒙古族主要聚居在阜新蒙古族自治县和喀喇沁左翼蒙古族自治县。阜新蒙古族自治县民族文化底蕴深厚，享有盛誉的瑞应寺是东北最大的藏传佛教文化中心，海棠山的摩崖造像被誉为"东方第一大景观"；喀喇沁左翼蒙古族自治县有浑然天成的凌河第一湾。吉林省的蒙古族主要分布在前郭尔罗斯蒙古族自治县，查干湖旅游度假区景观星罗棋布，妙因寺暮鼓晨钟，成吉思汗召让人领略到蒙古族历史的源远流长。

新疆维吾尔自治区的蒙古族主要分布在博尔塔拉蒙古自治州、巴音郭楞蒙古自治州、和布克赛尔蒙古自治县，其风景名胜主要有赛里木湖、怪石峪、雅丹地貌、龙脊谷和江格尔宫等。

内蒙古自治区境内的风景名胜

呼和浩特市作为内蒙古自治区的首府，周边旅游景区形成了以自然、人文环境为主，与革命红色教育相结合的特点。呼和浩特市主要旅游景点有：昭君墓、塞上老街、清公主府、将军衙署、乌兰夫纪念馆、白塔、老牛湾等。另外还有锡林郭勒地区的金莲川、乌拉盖九曲弯，呼伦贝尔地区的额尔古纳河、呼伦贝尔草原，赤峰地区的阿斯哈图石林，等等。

第四章 风景名胜

呼和浩特地区风景名胜

昭君墓

昭君墓，又称"青冢"，蒙古语称"特木尔乌尔虎"，汉语意为"铁垒"，是史籍记载和民间传说中汉朝明妃王昭君的墓地。昭君墓坐落于内蒙古呼和浩特市南郊9公里大黑河南岸，始建于西汉时期，距今已有2000余年的悠久历史，是中国最大的汉墓之一。现为内蒙古自治区的重点文物保护单位。

王昭君和呼韩邪单于的雕像

昭君博物院

位于呼和浩特市南郊，是以昭君墓及其一系列纪念建筑设施组成的国家AAAA级景区。

塞上老街

始建于明万历年间，距今已有400多年的历史，位于呼和浩特市大南街大召寺附近，是具有明清建筑风格的古街，被誉为老呼和浩特的旧影浓缩。

塞上老街街面

街面上分布着与旧城相配的古玩、民俗、百货、土产商店。有老铜匠开的铺子，也有近年发展起来的民族工艺品店。

清固伦恪靖公主府

位于内蒙古呼和浩特市，建于清康熙四十二年（1703），是康熙皇帝的六女儿下嫁喀尔喀蒙古土谢图汗部敦多布多尔济郡王后赐建的府邸。主体建筑保存完好，是国内保存最为完整的公主府邸，也是清代早期官式建筑的代表性作品。

土默特议事厅

土默特议事厅为原土默特旗总管衙门，即掌管土默特两翼军政事务的官署。始建于清雍正十三年（1735），为呼和浩特市目前仅存的两座古代官署之一。

将军衙署

　　清代绥远将军管辖归化城、漠南蒙古及统领大同、宣化等地驻兵的办公衙门，于清乾隆四年（1739）建成。按照清代一品封疆大吏衙署的规格营造，砖木构制，占地约3万平方米。是清王朝为巩固西北疆边陲的稳定，对大漠南北蒙古地区实施政治、军事统治的产物。2006年被列入全国重点文物保护单位。

乌兰夫纪念馆牌楼

乌兰夫纪念馆

乌兰夫同志纪念馆，建成于1992年，位于呼和浩特市新华西街南植物园内。是一座具有独特民族风格和中国古典建筑特点的现代建筑，也是进行爱国主义教育的重要场所。1997年被中共中央宣传部命名为"全国爱国主义教育示范基地"。

呼伦贝尔大草原

位于呼伦贝尔市西部，因呼伦湖、贝尔湖而得名。我国保存最完好的草原，水草丰美，有"牧草王国"之称。呼伦贝尔草原是世界著名的天然牧场，总面积约10万平方公里，天然草场面积占80%，是世界著名的三大草原之一，被誉为"世界上最美的草原"。它是成吉思汗的出生地，同时也是世界闻名的旅游胜地。

第四章 风景名胜

宝格德乌拉

位于新巴尔虎右旗阿拉坦额莫勒镇。"乌拉"是蒙古语,汉语意为"山"或"圣山"。相传,当年成吉思汗西征时,因躲进了宝格德乌拉才幸免于难。自1738年始,草原上的牧民都要在宝格德乌拉圣山举办隆重的民间祭山盛会。

呼伦湖

又称达赉湖，当地牧人称它为达赉诺尔，是内蒙古最大的淡水湖，位于新巴尔虎右旗境内，湖水面积包括水域面积和周边湿地面积。

红花尔基樟子松国家森林公园

始建于 2000 年，位于呼伦贝尔市鄂温克族自治旗。公园以四季常青的沙地樟子松系统和浩瀚无垠的草原湿地景观为主，有亚洲最大、我国唯一集中连片的沙地樟子松林带，具有较高的科研价值和观赏价值。

红花尔基樟子松林

锡林郭勒地区风景名胜

阿巴嘎旗宝格达圣山

又称成吉思宝格达圣山,位于锡林郭勒盟阿巴嘎旗别力古台镇西北40公里处。碧野之中,有着成吉思汗仰面头像轮廓的圣山,神秘而悠远。

宝格达圣山主敖包

宝格达圣山敖包为原阿巴嘎右翼旗旗敖包。主敖包也称巴音孟和敖包。敖包呈双层台状，平面呈圆形，体积较大，由黑色岩石修筑而成。

宝格达圣山十三敖包

宝格达圣山敖包群的十三敖包位于阿布达仁台山上，与主敖包遥相呼应。十三敖包的布局较为特殊，敖包左右两侧与指向主敖包的一侧各有四座子敖包。

宝格达圣山祭祀盛典

宝格达圣山以其独具特色的祭祀民俗吸引来自各地的游客和祭拜者。他们虔诚地瞻仰圣山风采，感受圣祖气息，为草原和亲人祈福。

宝格达圣山祭祀盛典那达慕

摔跤、赛马、射箭等传统的蒙古族竞技项目和现代歌舞在圣山脚下轮番上演。草原、圣山、骏马、盛装,融为一幅别具特色的美丽画卷。

金莲川草原

位于锡林郭勒盟南端的正蓝旗。金莲花午前为花蕾，午后为花瓣，花大色黄，每年7月份至8月份是金莲花盛开的季节。700多年前元上都就建于此。这里水草丰美，牛羊成群，是元代鼎盛时期的政治文化中心，也是蒙古文化的发源地之一。

乌拉盖河九曲湾

乌拉盖河是内蒙古第一大内陆河，它发源于宝格达圣山西麓，由泉水汇集而成。乌拉盖河蜿蜒曲折，似一条银色的哈达镶嵌在绿色的大地上。九曲湾位于乌拉盖湖东面，与湖入口相连，是乌拉盖河最为蜿蜒曲折的河段。

乌拉盖芍药谷

位于锡林郭勒盟东乌珠穆沁旗乌拉盖草原。乌拉盖芍药谷是国内芍药花最晚盛开的地方之一。每年开花时间在6月中旬,此时正是芍药花色、香、韵兼具的最佳观赏时期。

第四章 风景名胜

乌兰察布地区风景名胜

脑木更敖包

脑木更敖包位于乌兰察布市与锡林郭勒盟交界处，是一座由四子王旗与苏尼特右旗两旗牧民共同祭祀的古老敖包。敖包位于耸立于平原的高约70米的红色土丘上，呈正方形，其形制较为古老且罕见。

四子王旗王府

四子王旗王府位于乌兰察布市四子王旗。该王府为清代乌兰察布盟四子部郡王旗衙署府邸，始建于清光绪三十一年（1905），为内蒙古中部区保存较为完整的清代王公府邸。

赤峰地区风景名胜

阿斯哈图石林

位于赤峰市克什克腾旗境内，因古代地质运动而产生。"阿斯哈图"是蒙古语，汉意为"险峻的岩石"。它处于大兴安岭余脉向西部草原过渡的地带。草原上群山呈现出典型的丘陵地形地貌特征，四周险峻，山顶平缓起伏。阿斯哈图石林在这平坦的丘陵地带显得格外突出。

阿斯哈图石林——石峰

石峰是因地壳运动而形成的，形状高大。

阿斯哈图石林——石鸟
阿斯哈图石林的鸟形巨石。

喀喇沁亲王府

清朝贡亲王的府邸，蒙古族杰出思想家、政治家、改革家贡桑诺尔布的故居。始建于清康熙十八年（1679），坐落于内蒙古自治区赤峰市喀喇沁旗王爷府镇。先后有十二代喀喇沁蒙古王爷在此袭政，是内蒙古现存王府建筑中建成年代最早、建筑规模最大、规格等级最高、保存最好的一座古建筑群，为全国重点文物保护单位。

鄂尔多斯地区风景名胜

响沙湾

位于中国著名的库布齐沙漠的最东端,国家AAAAA级旅游景区,国家文化产业示范基地。拥有全世界最长的骆驼队,骆驼数量超过500峰。

阿尔寨石窟壁画

阿尔寨石窟

位于鄂尔多斯高原西部鄂托克旗阿尔巴斯苏木。环山凿有65座石窟，坍塌或被风沙掩埋的有18座，目前较为完整的尚有43座；山周围岩壁上刻有大小浮雕佛塔22座。阿尔寨石窟始凿于北魏中期，西夏、大蒙古国和元朝时期最盛。阿尔寨石窟目前仍有近千幅壁画得以保留，具有极高的历史、文化和艺术价值。阿尔寨石窟东南侧的10号石窟为成吉思汗养伤时的住所。

科尔沁地区风景名胜

大青沟

位于通辽市科尔沁左翼后旗境内。大青沟国家级自然保护区是一处保存完好的古代残遗森林植物群落。它是一条南北走向的绿色深谷。大青沟不仅景色宜人，还是植物繁茂、动物栖息的动植物王国。

兴安盟地区风景名胜

成吉思汗庙远景

坐落在内蒙古自治区兴安盟乌兰浩特市罕山之巅，1940年动工修建，1944年竣工。成吉思汗庙融蒙古、汉、藏三个民族的建筑风格于一体，采用了古代汉族建筑中惯用的中轴对称布局手法。为第六批全国重点文物保护单位。

成吉思汗庙天骄雕塑

这座雕塑体现的是成吉思汗横刀跃马于疆场上的雄姿,象征成吉思汗坚不可摧的意志和雄心。雕塑上部以青铜铸就,象征成吉思汗金戈铁马的征战历程。

成吉思汗庙匾额

成吉思汗庙大殿圆顶下方悬挂的匾额，匾额上写着"成吉思汗庙"五个金黄色大字。

成吉思汗庙大殿

从正面看去是"山"字形，中间是高大的正殿，两米高的成吉思汗石膏塑像立在大殿的正中央。左右两侧连接着略小于正殿的两个偏殿，东西两偏殿分别塑有忽必烈汗、铁木尔汗的塑像。两偏殿内陈列有元代的兵器、服饰和瓷器等文物的复制品。

成吉思汗庙门楼

门楼是入庙的必经之路，蓝顶，长方形，右侧立着大理石碑。

成吉思汗箴言长廊

箴言长廊位于成吉思汗庙院内,长廊内摆放着刻有成吉思汗箴言的大理石碑。

五一会址

　　五一会址位于乌兰浩特市。1947年4月23日至5月1日，内蒙古人民代表会议在这里召开，并宣告全国第一个少数民族自治政权——内蒙古自治政府在此成立，故而得名。

阿尔山天池

位于阿尔山市,由火山喷出物落在喷火口周围形成一道环状围墙,中间形成圆形凹坑,多年积水而成。

阿拉善地区风景名胜

额济纳旗胡杨林

额济纳旗以胡杨林著称。胡杨生长在沙漠中，由于它具有惊人的抗干旱、御风沙、耐盐碱的能力，因而被人们赞誉为"沙漠英雄树"。胡杨是生长在沙漠的唯一乔木树种，且十分珍贵，可以和有"植物活化石"之称的银杏树相媲美。

腾格里沙漠天鹅湖

位于内蒙古阿拉善左旗境内，地处腾格里沙漠东部边缘。腾格里沙漠为中国四大沙漠之一，沙漠内沙丘、湖盆、草滩、山地、残丘及平原等交错分布。天鹅湖和月亮湖一大一小，是腾格里沙漠190多个湖泊中一对出众的姐妹花，吸引了大批游客。

曼德拉山岩画

在曼德拉苏木，分布着数千年前的古代岩画，是世界最古老的艺术珍品之一。曼德拉山岩画雕刻精湛，图案逼真，形象生动，古朴粗犷，记载了当时的自然环境和社会风貌。

辽宁省蒙古族聚居地区风景名胜

辽宁省的蒙古族主要聚居在辽西、辽北、辽东地区，辽南各市县也有部分蒙古族散居。全省有两个蒙古族自治县，即阜新蒙古族自治县和喀喇沁左翼蒙古族自治县。辽宁省蒙古族地区风景名胜主要有海棠山、乌兰木图山、凌河第一湾、鸽子洞等。

海棠山

位于阜新蒙古族自治县大板镇境内。从山间到山巅，在大小不同的花岗岩石上，处处雕刻着千变万化的佛像，现保存完好的佛像有260多尊。有些佛龛的周围均刻有蒙古、满、藏、梵和汉文字，有的还涂有彩绘，虽经历300多年的风吹雨淋，但色彩不褪。为国家AAAA级旅游风景区。

海棠山摩崖造像

海棠山摩崖造像的神态千姿百态,有的面含微笑,慈眉善目;有的圆睁怒目,威风凛凛。在众多的佛像中,以释迦牟尼、观音菩萨、千手千眼佛等佛像为代表。因而,海棠山又被誉为藏传佛教摩崖造像艺术名山。

乌兰木图山

位于阜新蒙古族自治县八家子乡。"乌兰木图"为蒙古语,汉语意为"红色的树木"。乌兰木图山山形诡奇,怪石林立,一峰一态,一石一姿,各具特色。

鸽子洞

位于喀喇沁左翼蒙古族自治县水泉乡，是经地下水长期溶蚀而形成的天然石洞。因洞中多有野鸽子栖息，故俗称鸽子洞。鸽子洞因发现10多万年前的古人类生活遗址而名扬四海，为辽宁省级文物保护单位。

凌河第一湾

位于喀喇沁左翼蒙古族自治县水泉乡南亮子村和羊角沟乡上窝铺村交界处,长约3公里,宽约1公里。凌河水借着山势绕过一个大大的"S"形,向鸽子洞奔涌而来,形成山水相依的奇观,浑然天成,唯美壮观。

吉林省蒙古族聚居地区风景名胜

吉林省的蒙古族主要居住在前郭尔罗斯蒙古族自治县等地。这里自然资源丰富，风景名胜主要以自然景观为主。吉林省蒙古族聚居地区的景区主要有查干湖、成吉思汗召、王爷府、妙因寺、成吉思汗文化园等。

查干湖冬捕

查干湖

位于吉林省前郭尔罗斯蒙古族自治县境内，是全国十大淡水湖之一，吉林省内最大的天然湖泊。查干湖资源多种多样，地理位置得天独厚，其中，渔业资源尤为丰富，是辽、金、元几代帝王巡幸游乐的渔猎之地。2007年8月1日，查干湖经国务院批准，列为国家级自然保护区，而以查干湖冬捕为标志的渔猎文化也成为其文化遗产之一。

成吉思汗召

坐落于前郭尔罗斯蒙古族自治县查干湖畔，为纪念成吉思汗而建。主体建筑由三个互相连通的蒙古包式的大殿构成，中间的正殿是纪念堂，东、西两殿为陈列室，两边过厅为绘画长廊。成吉思汗召通过实物、雕塑、绘画、图片、文字等表现形式，详细记录了一代天骄成吉思汗的丰功伟绩。

成吉思汗召绘画

成吉思汗召碑记

黑龙江省蒙古族聚居地区风景名胜

黑龙江省的蒙古族主要聚居于杜尔伯特蒙古族自治县。杜尔伯特蒙古族自治县位于黑龙江省西部，嫩江下游东岸，西邻泰来县，南与肇源县毗邻，东靠大庆市，北与齐齐哈尔市、林甸县接壤。境内的名胜古迹主要以自然景观为主，如连环湖、杜尔伯特草原等。

连环湖

位于杜尔伯特蒙古族自治县泰康镇，是松嫩平原上的一个大型浅水湖泊。水面由哈布塔泡、西葫芦泡、红源泡、东湖等18个湖泊联合而成。高水位时水域相通，形成连环湖。

新疆维吾尔自治区蒙古族聚居地区风景名胜

新疆维吾尔自治区的蒙古族主要分布在博尔塔拉蒙古自治州、巴音郭楞蒙古自治州及和布克赛尔蒙古自治县，另外还分布在伊犁、阿勒泰等地区。春夏之际，羊群在碧绿的草场内，如同点点白帆游弋在绿色的海洋上。新疆蒙古族地区主要风景名胜有赛里木湖、怪石峪风景区、巴音布鲁克天鹅湖、雅丹奇观、龙脊谷、江格尔宫等。

赛里木湖

赛里木湖古称"净海",位于博尔塔拉蒙古自治州博乐市境内北天山山脉中。是新疆海拔最高、面积最大、风光秀丽的高山湖泊,又是大西洋暖湿气流最后眷顾的地方,因此有"大西洋最后一滴眼泪"的说法。

怪石峪风景名胜区

位于新疆博尔塔拉蒙古自治州博乐市东北处，由将军谷、佛谷、仙子瀑布谷、红金龙谷等十几条山谷组成，是世界最大的花岗斑岩怪石群风景区。为国家AAAA级旅游风景区。

第四章 风景名胜

巴音布鲁克天鹅湖

"巴音布鲁克"为蒙古语，汉意为"丰富的山泉"。位于新疆和静县巴音布鲁克草原境内，是亚洲最大、我国唯一的天鹅自然保护区，栖息着我国最大的野生天鹅种群。天鹅湖是由众多相通的小湖组成的湖沼地，为国家级自然保护区。

雅丹奇观

位于若羌县北部的罗布泊地区,有着大片"雅丹"风蚀地带,其中以罗布泊东面的雅丹地貌最为典型。它既是楼兰东面的一道天然屏障又是到楼兰的必经之地。

龙脊谷

位于和布克赛尔蒙古自治县西南，是比雅丹地貌更奇特的荒漠景观。由红色碎裂砂页岩构成的一排排垄岭，像一条条蜿蜒起伏的巨龙腾跃在空旷的荒漠中，包围在巨龙四周的是一座座色彩艳丽的连绵彩丘。

江格尔宫

坐落于蒙古族史诗《江格尔》的故乡和重要的传承地和布克赛尔蒙古自治县,建于2014年。江格尔宫采取360度环幕电影和声、光、电等现代化手段,创造了博物馆陈展的新形式。

青海省蒙古族聚居地区风景名胜

青海省蒙古族主要分布在海西蒙古族藏族自治州和河南蒙古族自治县。另外，在西宁市、海东市也有分布。青海蒙古族地区风景名胜主要有：哈里哈图原始森林、李恰如山等。

哈里哈图森林公园

位于青海省乌兰县境内,是西北干旱地区海拔最高的森林公园。原始古朴的森林和众多的动物,构成森林公园特有的生物景观,是柴达木沙漠里的一颗绿色明珠。为国家级森林公园。

李恰如山

位于青海省河南蒙古族自治县县城东部,被誉为"不冻河"的洮河便发源于此。景区中山峰耸立,许多具有高原特色的生物物种在这里生长繁衍。李恰如天池就坐落在环抱的群山之中。

甘肃省蒙古族聚居地区风景名胜

甘肃省的蒙古族主要聚居在肃北蒙古族自治县境内。肃北蒙古族自治县隶属于甘肃省酒泉市,位于甘肃省西北部,河西走廊西端南北两侧,县域分南山和北山两个不相连的区域。肃北地区历史文化名胜古迹众多,有五个庙石窟、岩画、石包城遗址等。

五个庙石窟壁画

五个庙石窟

　　五个庙石窟位于肃北蒙古族自治县县城西北20公里的党河西岸峭壁上。洞窟开凿在党河河水冲刷形成的砂崖上，洞窟悬于半崖，距地12~15米。现存的洞窟共有19个，唯有中间五窟可以登临，故被人们称为"五个庙"，其中一个已在早年被毁。

河北省蒙古族聚居地区风景名胜

河北省的蒙古族主要聚居在承德、张家口等地，其他地区也有散居的蒙古族。河北蒙古族聚居地的名胜古迹以草原及人文景观为特色，有坝上草原、木兰围场等。

第四章 风景名胜

坝上草原

坝上草原主要位于河北省境内,特指由草原陡然升高而形成的地带,又因气候和植被的原因,形成草甸式草原。从张家口以北100公里处到承德以北100公里处,统称为坝上草原地区。

木兰围场

位于承德市围场满族蒙古族自治县，与内蒙古草原接壤。这里自古以来就是一处水草丰美、动物繁衍的草原。"千里松林"曾是辽代帝王狩猎之地，"木兰围场"又是清代皇帝举行"木兰秋狝"之所。

图片提供者
（按姓氏笔画排序）

太平洋在线网摄影部落	第188页	第22页	第185页	第66页（两幅）
第190页	**乌兰**	第23页	第191页	第67页（两幅）
太平洋摄影博客网	第72页	第24页	第192页	第74页（下）
第194页	第73页	第25页	第196页（上）	第75页
第195页	第157页	第26页	第196页（下）	第76页
中关村论坛	**孔群**	第27页（两篇）	第197页	第77页
第189页	第70页	第28页	第198页（上）	第78页
内蒙古工业大学地域建筑研究所	**正北方网**	第46页	第198页（下）	第79页
第101页	第69页	第52页	第208页	第80页（两幅）
第102页（三幅）	**布仁其木格**	第53页	第209页（上）	第85页
第103页	第13页	第54页	第209页（下）	第87页
第104页（两幅）	第15页	第57页	第211页	第92页
第105页（两幅）	第16页	第172页（上）	第212页	第93页（两幅）
第107页	第17页	第175页	第214页	第94页
第108页（两幅）	第21页	第176页（上）	第215页	第106页（两幅）
第110页（两幅）	第29页	第176页（下）	第217页（上）	第109页（两幅）
第111页	第31页	第177页（上）	第217页（下）	第112页（两幅）
第113页	第32-033页（两篇）	第177页（下）	第218页（上）	第115页（两幅）
第114页（两幅）	第36页	第180页	第218页（下）	第120页
第116页	第37页	第181页	第219页（上）	第125页
第117页（两幅）	第38页	第182页（上）	第219页（下）	第126页（两幅）
第118页	第39页	第182页（下）	第224页（两幅）	第127页（两幅）
第119页（两幅）	第41页（两篇）	第186页	第225页（上）	第129页（两幅）
第121页	第42页	第199页	第226页	第132页
第122页（两幅）	第43页	第200页	第228页	第133页（两幅）
第123页	第44页	第201页	第229页	第134页（两幅）
第124页（两幅）	第45页	第202页（上）	第231页	第135页（两幅）
第128页	第47页	第202页（下）	**苏雅拉其其格**	第136页（两幅）
第130页	第48页	第203页	第86页（两幅）	第139页（两幅）
第131页（两幅）	第49页	第204页	**吴双福**	第140页
第137页	第50页	第205页	第183页	第141页（两幅）
第138页	第51页	第206页	**庞雷**	第142页
第146页（两幅）	第55页	第207页	第81页（两幅）	第143页（两幅）
第147页（两幅）	第56页	第213页	第82页（两幅）	第144页
第149页	第58页	第221页	第84页（两幅）	第145页
第150页	第59页	第233页（上）	**桂芳**	第148页
第151页	第60页	第233页（下）	第223页	第158页
第152页	第61页（两篇）	第235页	第227页	第159页（两幅）
第153页	**包龙**	第236页	**特日更巴彦尔**	第163页
第155页	第171页	**苏乐吉**	第83页	第184页
第156页	第172页（下）	第19页	第95页	第185页
第160页（两幅）	第173页（上）	第34页	第96页（两幅）	第191页
第161页（两幅）	第173页（下）	第35页	**第一范文网**	第192页
第162页	第174页	第71页	第97页（两幅）	**魏坚**
第164页	**辽宁频道网**	第89页（下）	**鹏程教育网**	第74页（上）
第165页	第89页（上）	第90页	第68页	
第166页	**苏日娜**	第91页	**潍坊市摄影家协会网**	
第167页	第14页	第178页（两幅）	第193页	
内蒙古新闻网	第18页	第179页	**额尔德木图**	
第187页	第20页（两篇）	第184页	第65页	

后记

蒙古高原名胜古迹众多,族群谱系复杂,故依据何种原则为其分类以及以何种方式呈现,一直困扰着编写者。最终采用了以地域空间为单位,展示以蒙古族文化古迹为主,以蒙古族之前诸游牧族群的文化古迹为辅的方法。书中所呈现的文化景观涉及自9世纪至今1000多年的文明史。以古城遗址为例,除展现在元朝时期新建的大都、上都、中都等元朝三都之外,适当纳入辽上京、辽中京等契丹人所建都城。在风景名胜章节里亦纳入昭君墓等地域标志性古迹。多数古城因历经数朝续建而构成多个文化层,故亦被收录于书中。如元大都新建于金中都城东北,明、清两朝又在元大都基础上扩建和改建了都城。额济纳黑城新建于公元9世纪,而扩建于元朝时期。

本书收录的名胜古迹图片多数由两位编写者及各自所属科研团队实地拍摄而成。但由于图片质量及所摄视点问题,在编写过程中引用了少量的网络图片,用于替换或补充原有图片。其中,藏传佛教寺院部分全部由该章编写者所属内蒙古工业大学地域建筑研究所科研团队所提供。经十余年的实地调研与测绘工作，该团队收集了蒙古地区丰富的藏传佛教寺院建筑信息，因而为本书提供了珍贵的第一手资料。

名胜与古迹二者分别为生态环境与文明成果，故其间的关系甚为密切。环境提供了孕育灿烂文明成果的优越资源基础，而古迹展现了时代和环境所允许的最高文明成就。两者互为因果，相互衬托，呈现出地域总体文化景观。本书展现的宏大图景以及每一张图片所蕴含的历史文化信息，若能让读者受益匪浅，我们将很欣慰。

额尔德木图　苏日娜
2017年10月

ᠵᠠᠬᠢᠶᠠᠯᠠᠬᠤ ᠤᠲᠠᠰᠤ : 024 - 23284347   23284335

ᠦᠨ᠎ᠡ : 280.00 ᠲᠦᠭᠦᠷᠢᠭ
ᠨᠣᠮ ᠤᠨ ᠨᠣᠮᠧᠷ : ISBN 978-7-5497-1739-2
ᠬᠡᠪᠯᠡᠭᠰᠡᠨ ᠣᠩᠨᠠᠭ᠎ᠠ : 2017 ᠣᠨ ᠤ 12 ᠰᠠᠷ᠎ᠠ ᠶᠢᠨ ᠠᠩᠬ᠎ᠠ ᠳᠠᠷᠤᠮᠠᠯ
ᠳᠠᠷᠤᠮᠠᠯᠯᠠᠭᠰᠠᠨ ᠣᠩᠨᠠᠭ᠎ᠠ : 2017 ᠣᠨ ᠤ 12 ᠰᠠᠷ᠎ᠠ ᠶᠢᠨ ᠠᠩᠬ᠎ᠠ ᠤᠳᠠᠭ᠎ᠠ
ᠬᠡᠪᠯᠡᠯ ᠤᠨ ᠬᠡᠪᠰᠢᠯ : 280 ᠮᠢᠩᠭᠠᠨ
ᠬᠡᠪᠯᠡᠯ ᠤᠨ ᠲᠠᠯᠠᠪᠠᠢ : 15
ᠨᠣᠮ ᠤᠨ ᠬᠡᠮᠵᠢᠶ᠎ᠡ : 210 mm × 285 mm
ᠬᠠᠷᠢᠭᠤᠴᠠᠭᠰᠠᠨ ᠨᠠᠢᠷᠠᠭᠤᠯᠤᠭᠴᠢ : ᠳᠤᠭᠠᠷᠵᠠᠪ ᠪᠠ ᠰᠡᠴᠡᠨᠪᠢᠯᠢᠭ
ᠬᠠᠷᠢᠭᠤᠴᠠᠭᠰᠠᠨ ᠬᠡᠪᠯᠡᠯ : ᠯᠢ ᠯᠢ ᠹᠧᠨ
ᠬᠠᠪᠢᠰᠤ ᠵᠢᠷᠤᠭᠯᠠᠭᠰᠠᠨ ᠨᠢ : Amber Design ᠪᠥᠷᠢᠨ ᠨᠠᠷᠢᠨ ᠵᠢᠷᠤᠭ
ᠳᠣᠲᠣᠷ ᠬᠠᠭᠤᠳᠠᠰᠤ ᠶᠢᠨ ᠵᠢᠷᠤᠭᠯᠠᠯ : ᠵᠢᠷᠤᠭᠯᠠᠯ ᠤᠨ ᠦᠨᠳᠦᠰᠦᠨ ᠭᠠᠵᠠᠷ
ᠬᠡᠪᠯᠡᠯ : ᠰᠢᠨ᠎ᠡ ᠬᠡᠪᠯᠡᠯ

ᠥᠪᠥᠷ ᠮᠣᠩᠭᠣᠯ ᠤᠨ ᠰᠤᠷᠭᠠᠨ ᠬᠥᠮᠦᠵᠢᠯ ᠦᠨ ᠬᠡᠪᠯᠡᠯ ᠦᠨ ᠬᠣᠷᠢᠶ᠎ᠠ